JOHN THOMPSON'S
CURSO FÁCIL PARA PIANO

PRIMERA PARTE

Ilustraciónes de Sergio Sandoval

ISBN 978-0-4234-7327-5

WILLIS MUSIC

EXCLUSIVELY DISTRIBUTED BY

HAL•LEONARD®

Visite Hal Leonard online en
www.halleonard.com

Contáctenos:
Hal Leonard
7777 West Bluemound Road
Milwaukee, WI 53213
Email: info@halleonard.com

En Europe, contacte:
Hal Leonard Europe Limited
42 Wigmore Street
Marylebone, London, W1U 2RY
Email: info@halleonardeurope.com

En Australia, contacte:
Hal Leonard Australia Pty. Ltd.
4 Lentara Court
Cheltenham, Victoria, 3192 Australia
Email: info@halleonard.com.au

Maestros y padres

PROPÓSITO

Este curso tiene por objeto presentar la manera más fácil posible de enseñar y aprender el piano. En la Primera Parte se desarrolla la fluidez en la lectura de notas, resolviendo un problema que parece seguir siendo el "enemigo público número uno" con la mayoría de los pequeños alumnos. Las hojas de trabajo junto con los ejercicios de lectura en voz alta, que aparecen con frecuencia, ofrecen bastante práctica para todos los estudiantes.

ALCANCE

El alcance del contenido en la Primera Parte es limitado. Esto se ha hecho deliberadamente. Se presentan solamente cinco notas hacia arriba del Do central y cinco notas hacia abajo, y los valores de las notas no pasan de la negra. Esto permite incluir muchos ejemplos en el trabajo de repaso y elimina la necesidad de introducir material suplementario. En una palabra, cada libro del curso es completo en sí y trae sus propios ejercicios de escritura, prácticas de lectura a primera vista, trabajo de repaso y (en libros subsiguientes) estudios técnicos.

ACOMPAÑAMIENTOS

La mayoría de los ejemplos vienen con acompañamientos para el maestro o los padres. Estos se han compuesto con mucha atención para que las pequeñas piezas suenen en la medida de lo posible como fragmentos de una composición más grande. Su valor es múltiple. No sólo permiten tocar en varias claves, evitando así la mortal monotonía de Do mayor, sino que su aplicación impone un compás estricto y un ritmo claro, especialmente cuando se tocan con acentuación algo vigorosa. De este modo, se le ayuda al alumno a "sentir" el ritmo desde el comienzo mismo de sus estudios.

GRADOS

Los libros en este curso no representan un grado específico, sino que se suceden en secuencia apropiada como Primera Parte, Segunda Parte, Tercera Parte, etc. Igualmente, las lecciones no se miden página por página. Unos alumnos completarán varias páginas por lección y otros llegarán a dominar una sola. El curso no va avanzando "lección por lección" sino "punto por punto", y corresponde al maestro (al fin y al cabo, el único apto para ello), decidir cuánto puede absorber su alumno—si mucho, si poco—en cada lección.

SEGUNDA PARTE

La Segunda Parte continúa a partir del punto exacto donde termina la Primera Parte. Se presentan nuevas notas, duraciones y rudimentos. En la Segunda Parte también comienza la técnica, primero en forma de prácticas simples para los dedos y luego con figuras técnicas más extensas. La Segunda Parte sigue siendo lo que suele clasificarse como el Grado Preparatorio. El objetivo principal del curso en su totalidad no es demostrar cuán velozmente se avanza, sino mostrar cómo cada alumno puede progresar de modo fácil y sostenido pero a la vez con diversión y musicalidad.

John Thompson

Contenido

El teclado del piano

El teclado del piano tiene TECLAS BLANCAS y TECLAS NEGRAS.

Las TECLAS BLANCAS se llaman

Recita los nombres de las teclas musicales varias veces.

___

Las TECLAS NEGRAS vienen en grupos de DOS y de TRES.

Toca todos los grupos que tienen DOS TECLAS NEGRAS en tu piano.

___

Do se encuentra a la **izquierda** de las DOS TECLAS NEGRAS.

Escribe el nombre de todas las teclas Do en el diagrama del teclado en la próxima página.

Ahora, en el piano, TOCA todos los Do que encuentres, usando el pulgar.

Así es como encuentras **Do** en el piano.

Diagrama del teclado

Este es un dibujo de parte del teclado. Cada vez que aprendas el nombre de una nota, vuelve a esta página y marca TODAS las teclas que tengan ese mismo nombre.

Do central en la música

La música se escribe en las LÍNEAS y los ESPACIOS del PENTAGRAMA.

Las NOTAS en la música nos dicen qué TECLAS tocar.

Hay diferentes tipos de notas. Primero vamos a aprender la NOTA REDONDA.

Una NOTA REDONDA es así:

Dura sonando CUATRO TIEMPOS.

El pentagrama

Las claves

Clave de Sol

Clave de Fa

Así aparece el DO CENTRAL en la clave de Sol.
Está escrito como una NOTA REDONDA,
y dura CUATRO tiempos.
Lo tocas con el pulgar de la MANO DERECHA.
Tócalo y cuenta CUATRO.

Así aparece el DO CENTRAL en la clave de Fa.
Está escrito como una NOTA REDONDA,
y dura CUATRO tiempos.
Lo tocas con el pulgar de la MANO IZQUIERDA.
Tócalo y cuenta CUATRO.

La música se divide en compases usando barras.

Barra　　　Barra　　　Barra

Compás　　Compás　　Compás　　Compás

Los números después de la clave nos dicen cómo contar.

En este libro solamente vamos a leer el número de ARRIBA.

Este número muestra cuántos tiempos hay en cada compás.

Cuenta 4 en cada compás.

Cuenta 3 en cada compás.

Cuenta 2 en cada compás.

Mano izquierda

Cada dedo tiene un número.

Ambos pulgares tienen el número 1.

Mano derecha

Do central como nota redonda
En la clave del Sol

Acompañamiento

Toca con el pulgar
derecho y cuenta cuatro
para cada nota.

Toquemos
con la mano derecha

Do central como nota redonda
En la clave de Fa

Acompañamiento

Toquemos
con la mano izquierda

1

Toca con el pulgar
izquierdo y cuenta cuatro
para cada nota.

Do central en notas blancas

Cuando una nota tiene la cabeza de color blanco y tiene tallo, así ♩ o ♩ se llama NOTA BLANCA y dura DOS TIEMPOS.
Toca lo siguiente, contando DOS para cada nota:
"UNO, DOS" en la primera nota y "TRES, CUATRO" en la segunda nota de cada compás.

Cuenta
cuatro en cada
compás.

El viejo reloj

Cuenta: Uno-Dos   Tres-Cuatro

Acompañamiento

Do central en notas negras

Cuatro tiempos en cada compás.

La NOTA NEGRA es así: ♩ o ♪ y dura un tiempo.

El baile de los mocasines

Cuenta: Uno Dos Tres Cuatro

Acompañamiento

Hoja de trabajo

Marca el valor de la duración de las notas siguientes. Usa 1 para Notas Negras, 2 para Notas Blancas y 4 para Notas Redondas.

Completa las siguientes como Notas Blancas agregándoles un tallo.

Tallo para arriba

Tallo para abajo

Convierte las siguientes en Notas Negras rellenando la cabeza y agregando un tallo cuando haga falta.

Encribe Do Central en cada clave.

	Nota Redonda	Dos Notas Blancas	Cuatro Notas Negras	Dos Notas Blancas	Cuatro Notas Negras	Nota Redonda

Acompañamiento

El tren

Pasa a la hoja de
trabajo en la página 15.
Haz los ejercicios 1 y 2.

Nota para el maestro

De este punto en adelante, hay que
recalcar la importancia de acentuar
el primer tiempo de cada compás.

14

Nota Nueva

Mano Izquierda

Acompañamiento

Los Do-sis

Haz los ejercicios
de escritura 3, 4, y 5
en la página 15.

Hoja de trabajo

Escribe el nombre de la nota debajo de cada una.

1

Do __ __ __ __ __ __ __

Escribe la nueva nota **Re** tal como se indica.

2

Nota Redonda   Dos Notas Blancas   Cuatro Notas Negras

Escribe el nombre de la nota debajo de cada una.

3

Do __ __ __ __ __ __

Escribe la nueva nota **Si** tal como se indica.

4

Nota Redonda   Dos Notas Blancas   Cuatro Notas Negras

En el siguiente ejercicio, primero traza las barras en sus lugares. (Mira el número de arriba.)
Luego, escribe los nombres de las notas.
Por último, marca el valor usando 1 para Notas Negras, 2 para Notas Blancas y 4 para Notas Redondas.

5

Nombre de la nota **Do** __ __ __ __ __ __ __ __ __
Valor de la nota **2**

Dos por cuatro

Cuenta dos para
cada compás.

Si **Do** **Re**

Mano Derecha

Mano Izquierda

Marcha de los gnomos

Acompañamiento

Tres por cuatro y la nota blanca con punto

La nota blanca con punto

se ve así: 𝅗𝅥. o 𝅗𝅥.

y se sostiene por 3 tiempos.

Cuenta 3 por cada compás.

Danza de los gnomos

Nota blanca con punto, se sostiene por 3 tiempos.

¿Ves la importancia de contar correctamente? Éstas son las mismas notas que tocaste en "Marcha de los gnomos", pero ellas forman una pieza nueva cuando cuentas 3 por cada compás.

18

Lee en voz alta

Nota Nueva

Do Re Mi

La ovejita de María

Acompañamiento

Escribe la nueva nota **Mi** debajo.

| Nota Redonda | Nota Blanca | Nota Blanca con Punto | Nota Negra |

Acompañamiento

Nota Nueva

El paracaidista

Lee en voz alta

Escribe la nueva nota **La** debajo.

Nota Redonda	Nota Blanca	Nota Blanca con Punto	Nota Negra

Lee en voz alta

Vamos a marchar

A su - bir, a ba - jar.

To - dos van a mar - char.

Acompañamiento

El pianista alegre

Acompañamiento

Hoja de trabajo

Primero, mira el tipo de compás. Después, traza barras en los lugares
correspondientes; entonces, escribe los nombres debajo de las notas.

Muecas graciosas

Lee en voz alta

Lee en voz alta

La granja de mi tío

En la gran - ja | de Don Juan, | ¡Íl - a, Íl - a, | oh! Con

u - nos pa - tos | tu - es - ta - rás, | ¡Íl - a, Íl - a, | oh! | Cuac a - qui, | cuac a - llá,

to - das par - tes, | cuac, cuac, cuac. | En la gran - ja | de Don Juan, | ¡Íl - a, Íl - a, | oh!

Silencios

Los SILENCIOS son signes de pausa. Cada tipo de nota tiene un silencio de valor equivalente.

Silencio de Redonda

Un compás entero de silencio

Silencio de Blanca

Dura 2 tiempos

Silencio de Negra

Dura 1 tiempo

Traza las barras en el ejemplo siguiente,
de modo que cada compás tendrá el número
de tiempos de silencio que se muestran
en el tipo de compás.

Acompañamiento para
"¡A soplar!"
(página siguiente)

¡A soplar!

Ver el **Acompañamiento** en la página opuesta.

Lee en voz alta

Nota Nueva

El órgano de la iglesia

Acompañamiento

Escribe la nueva nota **Fa** debajo.

| Nota Redonda | Nota Blanca | Nota Blanca con Punto | Nota Negra |

Lee en voz alta

Lee en voz alta

El soldado

Un yan - qui via - ja a la ciu - dad, ca - bal - ga so - bre un po - ny; con

u - na plu - ma en el bom - bin, y gri - ta ma - ca - rro - ni.

De vuelta al campo

James A. Bland

Acompañamiento

Bajo el río

Ligadura

Ba - jo el   rí - o, ba - jo el   rí - o con   ár - bo - les   y a - be - jas.____

A - gua   pa - sa, los   pe - ces   sal - tan, un   via - je   jun-tos ha - rán.____

Acompañamiento

32

Escribe las dos notas **Sol** que has aprendido.

	Nota Redonda	Nota Blanca	Nota Blanca con Punto	Nota Negra

Nota Nueva

Tema de la "Sinfonía del Nuevo Mundo"

Antonín Dvořák

Acompañamiento

Trompetas

Ven a remar

Nadie sabe mis penas

Acompañamiento

Nota Nueva

Escribe las dos notas **Fa** que has aprendido.

	Nota Redonda	Nota Blanca	Nota Blanca con Punto	Nota Negra

En un rickshaw

El banjo

Adaptado de
Stephen Foster

Acompañamiento

El vals de la princesa

Acompañamiento

Hoja de trabajo

1

Escribe los nombres de las notas.

Marca el compás con aplausos (un aplauso por cada tiempo) mientras cantas los nombres de las notas.
Después de eso, toca el ejemplo en tu piano, haciendo primero la digitación para cada nota.

2

Marca el compás y canata las notas como lo hiciste arriba. Marca la digitación y luego toca el piano.

3

Certificado

El presente certifica que

· ·

ha completado con éxito
la Primera Parte
del
CURSO FÁCIL PARA PIANO
de John Thompson

y reúne los requisitos para
la Segunda parte

Maestro/a

· ·

Fecha

· ·